TRAVEL WITH BOOK

跟著課本
去旅行

素養對話練習手冊

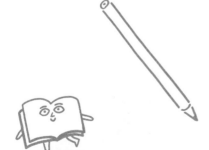

MON	TUE	WED	THU	FRI	SAT	SUN

MEMO

MON	TUE	WED	THU	FRI	SAT	SUN

MEMO

MON	TUE	WED	THU	FRI	SAT	SUN

MEMO

MON	TUE	WED	THU	FRI	SAT	SUN

MEMO

MONTH
月份

MON	TUE	WED	THU	FRI	SAT	SUN

MEMO

MONTH
月份

MON	TUE	WED	THU	FRI	SAT	SUN

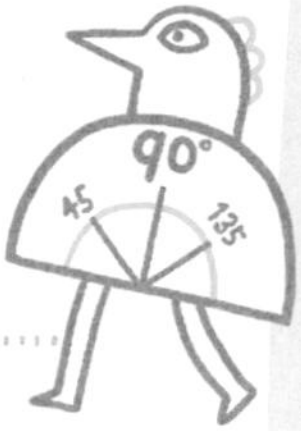

MEMO

MON	TUE	WED	THU	FRI	SAT	SUN

MEMO

MONTH
月份

MON	TUE	WED	THU	FRI	SAT	SUN

MEMO

MONTH
月份

MON	TUE	WED	THU	FRI	SAT	SUN

MEMO

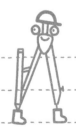

MONTH
月份

MON	TUE	WED	THU	FRI	SAT	SUN

MEMO

MONTH
月份

MON	TUE	WED	THU	FRI	SAT	SUN

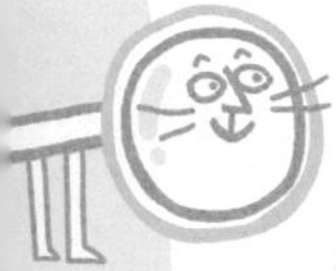

MEMO

MONTH
月份

MON	TUE	WED	THU	FRI	SAT	SUN

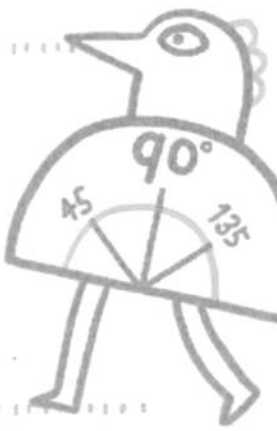

MEMO

學習不必刻苦，
玩樂不一定得放空！

能否在旅途中叫得出動物、植物的名字並不重要，
更重要的是，開啟孩子的觀察力與好奇心，
讓孩子明白原來在平面的課本，可以變成立體的學習，
擁有許多「隱藏版」的知識與趣味。
出發前，行程規劃、費用預估，
旅程中，眼見隨寫、問題討論、支出紀錄，
回程後，所有資料成了美好的學習與回憶，
請大人放慢腳步一起感受觀察，成為彼此的好旅伴。
最極致的素養學習、最賦能的素養教室，就在旅行中！

20條保證有玩又有得學的路線！
語文╳數學╳社會╳自然╳聯合國永續發展目標 SDGs
搭配沒有標準答案的「學習提問單」
親師生一起找出屬於自己的答案，
增加旅行的樂趣，寓教於樂、更有意義。

北部

陽明山，
教你什麼是熱液換質作用

MAP

Q1 你知道夢幻湖有幾種顏色嗎？

Q2 中山樓的地毯下藏著什麼東西？

Q3 為什麼蔣介石夫婦，會為了一面鏡子吵架？

 OPEN BOOK

三下自然：水的變化
四上自然：水生家族
五上社會：台灣的自然環境

六上自然：岩石與礦物
八上自然：熱對物質的影響
九上自然：岩石與礦物

（年級或單元名稱因教科書版本而異）

新北　自然

東北角，是一座海岸地形博物館

MAP

Q1 南雅奇岩的岩石有不同的紋路。請觀察這些紋路怎麼排列？
有哪些不同的顏色？

Q2 比比看，鼻頭角步道與龍洞灣岬步道兩邊的岩石，
從顏色、質地、形狀，有什麼不同？

Q3 聽浪聲、望著龍洞岬的海蝕洞，想像看看，
大自然怎麼造就這海蝕洞？

OPEN BOOK

六上自然：地表的變化
九上自然：岩石與礦物／岩層裡的祕密

（年級或單元名稱因教科書版本而異）

新北　社會史地　　MAP

淡水，用科技跨越時空了解台灣戰史

Q1 登上滬尾礮臺以前放置大砲的砲盤區，觀察一下四周環境，你認為滬尾礮臺為何建在這個地理位置？

Q2 在滬尾礮臺，體驗砲彈射擊遊戲時，砲彈被發射後的路徑特性為何？為什麼會如此？要能成功砲擊目標，有什麼訣竅？

Q3 淡水古蹟博物館在紅毛城建物前方放置了數面旗子，數一數，共有幾面旗？各代表什麼？

OPEN BOOK

五上社會：大航海時代的台灣
五下社會：清末現代化的建設
七上社會：大航海時代／各方勢力的競逐／清帝國時期的政治經濟

（年級或單元名稱因教科書版本而異）

桃園　自然、社會史地

大溪，自然生態 到水力發電的大教室

MAP

　你知道哪裡有數百座銅像排排站？

　大溪豆干好吃的祕密在哪裡？

OPEN BOOK

四上自然：認識能源
四上社會：家鄉的名勝古蹟 / 家
　　　　　鄉巡禮

五上社會：台灣的自然環境
五下社會：清末現代化的建設
七上社會：台灣的水文

新竹 國語、社會史地、自然

MAP

老湖口，
看山牆牌匾增強國語造詣

Q1 你知道為什麼新竹被稱為「風城」？

Q2 在地人利用風和陽光，做出了什麼樣的特色名產？

OPEN
BOOK

二上國語：小鎮的柿餅節　　　五上社會：台灣傳統社會與文化
四上社會：氣候與生活　　　　　　　　　　的形成
四下自然：昆蟲家族　　　　　五下自然：食品保存

（年級或單元名稱因教科書版本而異）

中部

台中 社會史地 ——
舊城區，用建築美學培養美感教育

台中 數學 ——
中央公園，想學幾何數學來這裡

彰化 國語、社會史地、自然 ——
彰化車站，親眼見證台鐵活古蹟

台中 社會史地

舊城區，用建築美學培養美感教育

MAP

Q1 你知道為什麼繁華的台中有「小京都」之稱？

Q2 台中的棋盤式街道為何傾斜 45 度角？

Q3 靠海的清水有個「牛罵頭遺址」，藏著三千年前的用品與棺墓？

OPEN BOOK

四上自然：認識水域
六下自然：生物 / 環境與自然資源
四上社會：家鄉的名勝古蹟

五上社會：台灣的先民 / 日本統治
下的台灣
七下科技：建築與社會

（年級或單元名稱因教科書版本而異）

中央公園，想學幾何數學來這裡

Q1 走訪景點時，你觀察到有什麼地方和學校所學的數學相關？

Q2 承上題，我們還到過哪些地方也有相近的數學元素？

Q3 你如何利用數位工具、書籍資料，搜尋景物與數學的連結性？

OPEN BOOK

五下數學：長方體和正方體的體積 / 表面積 / 立體形體
七下數學：直角坐標與二元一次 / 方程式的圖形
八下數學：幾何圖形、三角形的基本性質 / 平行與四邊形
九上自然：力與運動

（年級或單元名稱因教科書版本而異）

彰化　國語、社會史地、自然

MAP

彰化車站，
親眼見證台鐵活古蹟

Q1 為什麼扇形車庫不蓋成方形的？

Q2 為什麼鹿港有車站，火車卻到不了？

OPEN BOOK

三上國語：回到鹿港
四上自然：水生生物的世界
四上社會：家鄉的產業／家鄉的名勝古蹟／家鄉巡禮
五上社會：台灣傳統社會與文化的形成

（年級或單元名稱因教科書版本而異）

南部

嘉義　自然

阿里山，
來一場戶外天文科學課

MAP

Q1 月圓的夜晚有利或不利觀測星象？為什麼？

Q2 二十四節氣是陽曆，還是陰曆？

Q3 流星雨的成因是什麼？

OPEN
BOOK

四上自然：觀測月亮　　　　五下自然：觀測星星
五上自然：觀測太陽　　　　九上自然：運動中的天體／太空和地球

（年級或單元名稱因教科書版本而異）

台南 社會史地、自然

台南糖廠，
想吃糖從採甘蔗開始

Q1 甘蔗汁或糖水在鍋子裡熬煮 1、2 個小時後，
最後的型態和最初有什麼不同？為什麼？

Q2 加熱煮過的糖水，和冷卻到用手摸不感到燙時，
外觀型態有什麼不一樣？

Q3 國際標準鐵軌的寬度是 143.5 公分，
五分車、高鐵、台鐵和捷運鐵軌的軌距寬度，各是幾公分？

OPEN
BOOK

四上社會：家鄉的產業
五下社會：日治時期的台灣與經濟發展

六上自然：熱對物質的影響
八上自然：溶液濃度

（年級或單元名稱因教科書版本而異）

高雄　社會史地

哈瑪星，
乘溜滑梯穿梭三段歷史時空

MAP

Q1 經過鼓山區濱海一路附近巷弄的水泥路面，能否找到平行的兩道痕跡？這是過去的濱線鐵軌。

Q2 量量看，哈瑪星鐵道文化園區的舊鐵軌軌距，和輕軌捷運的軌距各是幾公分？哪一種是「標準軌距」？

Q3 登山街沿途許多日治時期設施是用「咾咕石」打造的，它們外觀有什麼特色？怎麼形成的？

OPEN BOOK

四上社會：家鄉的地名／家鄉的產業／家鄉的名勝古蹟
五下社會：日治時期的台灣／戰後的經濟與政治
七下社會：日治時期的統治／經濟與社會文化

（年級或單元名稱因教科書版本而異）

屏東　自然

潮州，
一日看遍動植物繁衍

Q1 有些火龍果沒有人工授粉也可以結出火龍果，
那麼農場的人為什麼要做人工授粉？

Q2 蜂巢的蜂房是六角形的，比起四邊形或三角形的蜂房，
六角形的蜂房優點是什麼？

Q3 蜂箱巢片兩面都有巢房，而兩面的巢房並不相通。請仔細觀察巢
房結構，一隻住在巢房的蜜蜂，最多會有幾個鄰居跟牠共用巢房
的牆壁呢？

OPEN
BOOK

三上自然：植物的花 / 果實和種子
五上自然：植物的奧祕
七上自然：植物的感應（夜間開花）/ 動物的行為
七下自然：植物的有性生殖

（年級或單元名稱因教科書版本而異）

屏東　社會史地、自然

恆春，
親臨現場了解牡丹社事件

MAP

Q1 你知道是哪一座古城門，卡住電影《海角七號》的遊覽車嗎？

Q2 哪兒可以看到「台版烏克麗麗」？

Q3 恆春有哪「三怪」和「三寶」？

OPEN BOOK

六下自然：生物與環境　　　　　　　　四上社會：家鄉的節慶與民俗活動
九上自然：地表地質作用與岩石礦物　　五下社會：清末現代化的建設
四上社會：家鄉的名勝古蹟　　　　　　六上社會：台灣的自然資源與物產

（年級或單元名稱因教科書版本而異）

東部

宜蘭　自然、社會史地

MAP

雪隧，
穿過多個斷層帶的地質講堂

Q1 你知道雪山隧道是如何歷盡艱辛開通的嗎？

Q2 為什麼阿里山的小火車要「z」字型前進後退，
而太平山的蹦蹦車卻不用嗎？

OPEN
BOOK

四上自然：運輸工具與能源
六上自然：多變的天氣
七下自然：環境保護與生態平衡

五上社會：台灣的自然環境
五下社會：台灣的區域與交通
五下社會：日本統治下的台灣

（年級或單元名稱因教科書版本而異）

花蓮　自然

玉里，
兩個板塊擠出台灣島

Q1 走一趟玉里、富里之旅，你認識哪些植物？
這些植物的外觀、生長特性有哪些特色？

Q2 在小天祥，山洞兩端的景色，你覺得有何不同？
你曾在哪邊見過峽谷地形？

Q3 羅山地區的鹵蕨為珍稀保育類植物，我們能如何保護？

OPEN
BOOK

三上自然：植物的身體
五上自然：植物的奧祕

五上社會：台灣的地形
六上自然：地表的變化

（年級或單元名稱因教科書版本而異）

自然、社會史地 **MAP**

到部落，
感受豐富的在地特色

Q1 你知道廣告裡的金城武在哪一條路騎單車？

Q2 為什麼縱谷產好米？

 OPEN BOOK

六上自然：地表的變化
四上社會：家鄉的節慶與民俗活動
五上社會：原住民族文化

五上社會：台灣的自然環境
六上社會：文化的傳承與發展
七上社會：原住民文化

（年級或單元名稱因教科書版本而異）

SDGs

減少國內及國家間不平等 ——
從華新街用南洋美食，認識多元文化

經濟適用的清潔能源 ——
再生能源，看不見的神奇魔法

和平、正義與健全的司法 ——
到立院、法院，上一堂實境公民課

保育及維護海洋資源 ——
台東生態保育，讓海洋成為最好的教室

減少國內及國家間不平等

從華新街用南洋美食，認識多元文化

MAP

Q1 觀察緬甸人早餐吃什麼？和我們吃的有何不同？

Q2 請寫出 5 種緬甸雜貨店裡販賣的日常物品。

Q3 緬甸生肖與台灣生肖有什麼不同？

Q4 許多緬甸小吃店的店頭都會擺放一對貓頭鷹，請詢問店家老闆為什麼要放貓頭鷹？怎麼分辨公母？

OPEN
BOOK

三下社會：多元的生活風貌
六上綜合：多元文化相處之道
七下社會：族群與文化

（年級或單元名稱因教科書版本而異）

經濟適用的清潔能源

再生能源，
看不見的神奇魔法

MAP

Q1 桂山發電廠戶外展示各種淘汰的水輪機，
它們在水力發電過程中的作用是什麼？

Q2 電幻 1 號所介紹的 5 種再生能源中，目前台灣還沒運用的有什麼？

Q3 目前再生能源在台電發電量占比大約多少？優缺點是什麼？

OPEN
BOOK

四上自然：認識能源 ┊ 九上自然：位能與動能 / 電流
六下社會：地球村的議題 ┊ 九下自然：發電方式 / 能源科技

（年級或單元名稱因教科書版本而異）

和平、正義與健全的司法

到立院、法院，上一堂實境公民課

MAP

Q1 為何政府機關願意開放給民眾參觀、旁聽？和公民權有何關聯？

Q2 中、小學生未具有公民權，但能透過什麼方式參與政策討論？

Q3 民主社會中，為什麼常用「投票」來作為重要的參與形式？

OPEN BOOK

六上社會：法治你我他
八上社會：中央政府
八下社會：民法與生活／刑法與行政法規／權利救濟

（年級或單元名稱因教科書版本而異）

保育及維護海洋資源

台東生態保育，
讓海洋成為最好的教室

MAP

Q1 走一趟海線之旅，再讀 SDGs14 保育海洋資源的發展目標，
你對哪些內容最有感？能展開什麼行動？

Q2 在成功漁港附近餐廳，有哪些你很少看過的魚種料理？
這些魚種有什麼特色？

Q3 和漁民聊天，或聽完導覽後，你認識了哪些捕魚手法？
這些手法各有哪些特色？

OPEN
BOOK

四上自然：水生生物的世界　　六上自然：地表的變化
五上社會：台灣的河川與海岸　　六下自然：生物、環境與自然資源

（年級或單元名稱因教科書版本而異）

旅遊

Travel Diary

日記

心情手札，
累積學習探索趣

◦ 我的旅遊日誌 ◦

日期

地點

同行

學習日記

日期

地點

同行

學習日記

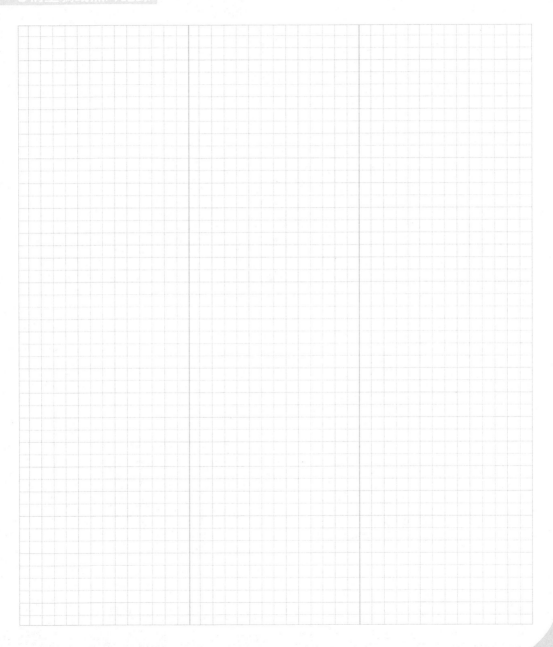

日期

地點

同行

學習日記

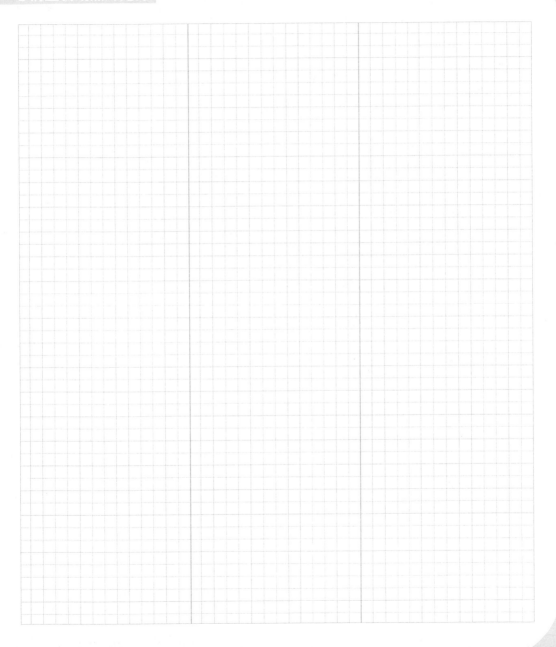

日期

地點

同行

學習日記

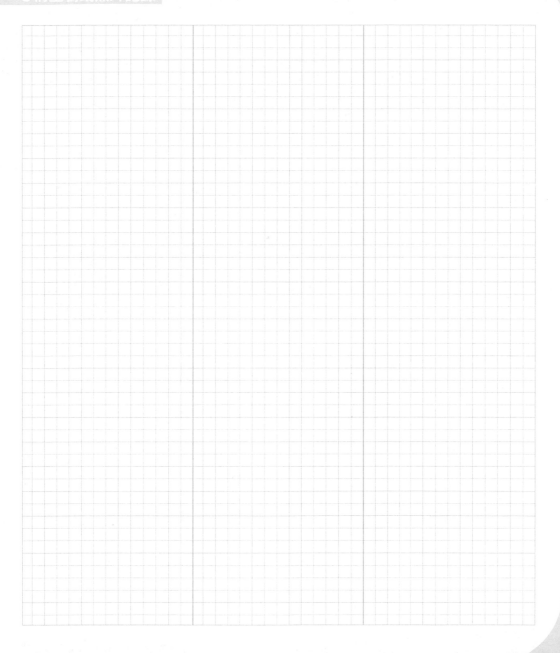

⌐ 我的旅遊日誌 ⌐

日期

地點

同行

學習日記

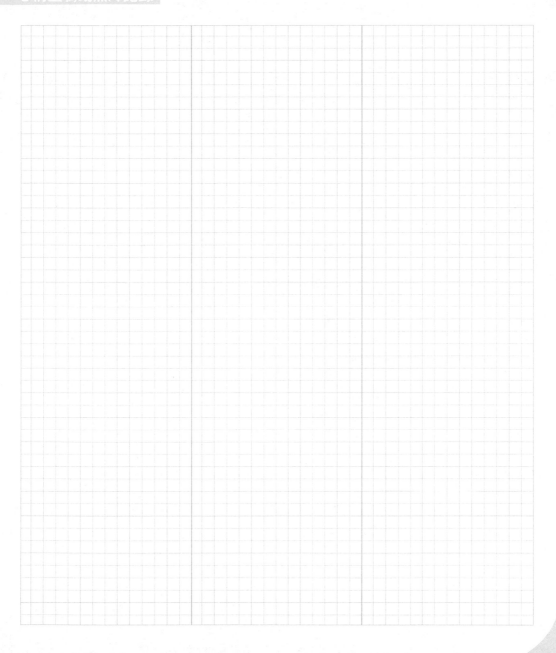

日期

地點

同行

學習日記

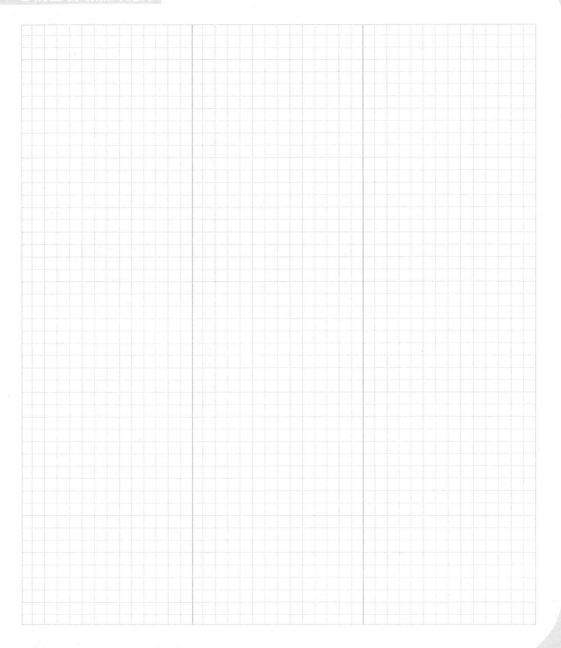

我的旅遊日誌

日期

地點

同行

學習日記

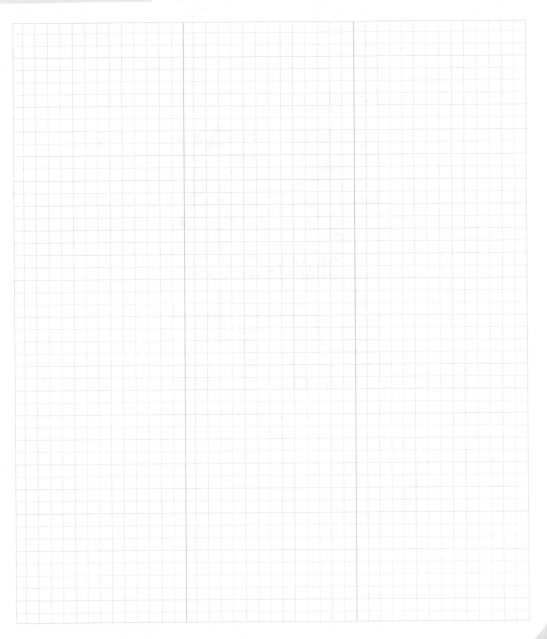

集章創作
Travel Stamp

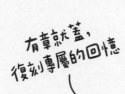

有章就蓋，
復刻專屬的回憶

TRAVEL WITH BOOK
跟著課本
去旅行

日期

地點

我的旅遊
紀念章

日期

地點

我的旅遊
紀念章

日期

地點

實用攻略

Check List

TRAVEL WITH BOOK 跟著課本去旅行

必備清單，
裝備行囊不慌張

我的旅遊物資
CHECK LIST
- - - - - - - -

衣物篇

☐ 外出衣褲   ☐ 睡衣

☐ 貼身內衣褲   ☐ 襪子

☐ 手帕、汗巾

日常用品篇

☐ 牙膏、牙刷   ☐ 頭髮洗潤用品、髮梳

☐ 身體沐浴、護膚用品   ☐ 化妝用品

☐ 臉部清潔、保養用品   ☐ 刮鬍／剃鬚用品

重要證件篇

☐ 手機   ☐ 錢包、交通票證

☐ 充電線、行動電源   ☐ 行程資料

☐ 證件 (身份證／學生證)

個人雜物篇

☐ 個人藥品   ☐ 雨傘

☐ 解悶用品 (書／玩具／食物⋯)   ☐ 眼罩

我的旅遊預算支出
PAY LIST
- - - - - - -

旅遊日期：　　　　　　　**地點：**

日期	項目	類型	預算	支出	結餘

分類小計

住宿：　　　　　　　　　交通：

餐飲：　　　　　　　　　學習 / 娛樂：

其他：

合計

我的旅遊預算支出
PAY LIST

- - - - - - -

旅遊日期：　　　　　　　地點：

日期	項目	類型	預算	支出	結餘

分類小計

住宿：　　　　　　　　交通：
餐飲：　　　　　　　　學習／娛樂：
其他：

合計

我的旅遊預算支出
PAY LIST
- - - - - - -

旅遊日期：　　　　　　地點：

日期	項目	類型	預算	支出	結餘

分類小計

住宿：　　　　　　　　　交通：

餐飲：　　　　　　　　　學習／娛樂：

其他：

合計

我的旅遊預算支出
PAY LIST
- - - - - - -

旅遊日期： 地點：

日期	項目	類型	預算	支出	結餘

分類小計

住宿： 交通：

餐飲： 學習／娛樂：

其他：

合計

這不只是一本筆記書，
而是一場真正落實素養的學習旅程
透過素養對話練習手冊，
希望能引導你建構自己的旅行與學習系統
可以自主掌握學習方向，
同時保有探究知識的熱情與態度

Let's learn from travel !